Patricia Mennen · Milada Krautmann

Mein Fahrrad

ERSTES WISSEN

Mein Fahrrad

Patricia Mennen · Milada Krautmann

Ravensburger Buchverlag

Die Deutsche Bibliothek –
CIP-Einheitsaufnahme

Ein Titeldatensatz für diese
Publikation ist bei
Der Deutschen Bibliothek erhältlich

Das vorliegende Buch ist sorgfältig erarbeitet worden. Dennoch erfolgen alle Angaben ohne Gewähr. Eine Haftung der Autorin, der Illustratorin bzw. des Verlags und seiner Beauftragten für Personen-, Sach- oder Vermögensschäden ist ausgeschlossen.

1 2 3 03 02 01

Umschlaggestaltung: Dirk Lieb
unter Verwendung einer Illustration
von Milada Krautmann
Illustrationen: Milada Krautmann
Text: Patricia Mennen
Redaktion: Stefanie Kaiser
Printed in Germany
ISBN 3-473-35838-X

www.ravensburger.de/buchverlag

Inhalt

Je langsamer man fährt, desto schwieriger ist es, das Gleichgewicht zu halten. Ohne abzusteigen gelingt es Tobias mit eingeschlagenem Lenker für kurze Zeit zu stehen.

Clarissa fährt zwischen den beiden Bändern durch die schmale Gasse. Das schult ihren Gleichgewichtssinn.

Michael fährt im Slalom um die Hütchen. Manche Kurven sind sehr eng. Aber Michael schafft sie ohne abzusteigen.

Der Fahrrad-Parcours

Radfahren macht Spaß! Das finden jedenfalls Mia, Clarissa, Tobias und Michael. Weil auf den meisten Straßen so viel Verkehr ist, treffen sich die Freunde mit ihren Rädern oft auf dem nahe gelegenen Schulhof. Da kann man richtig gut rumsausen – und Autos gibt es auch keine! Heute baut Mias Vater mit den Kindern einen Fahrrad-Parcours auf. Er besteht aus mehreren Stationen und man muss ganz schön geschickt sein, um ihn fehlerfrei zu durchfahren. „Vor dieser Linie muss man halten, ohne mit dem Fuß auf den Boden zu kommen!“, sagt Mia und legt halbierte Tennisbälle in eine Reihe. „Ob ihr es wohl schafft zwischen den beiden Bändern durchzufahren, ohne sie zu berühren?“, fragt Tobias. „Leg sie lieber etwas weiter auseinander“, meint Clarissa, „sonst wird die Prüfung zu schwierig!“ Dann geht es los. Michael versucht es als Erster.

Zum Fahrradfahren gehört auch eine gute Ausrüstung. Besonders wichtig ist der Helm. Er muss fest auf dem Kopf sitzen und sollte Stirn, Schläfen und Hinterkopf gut abdecken. Wichtig ist, dass weder Sehen noch Hören durch den Helm beeinträchtigt werden. Handschuhe geben Griffsicherheit. Um im Dunkeln oder bei schlechtem Wetter gesehen zu werden, braucht man Reflektoren an Rad und Kleidung.

Mia zeigt, wie gut sie einhändig fahren kann. Sie fährt vorsichtig auf ihren Vater zu und nimmt ihm die Mütze vom Kopf.

Das musst du beim Links-abbiegen beachten:

1. **Umsehen.**
2. **Handzeichen nach links geben.**
3. **Auf der Linksabbiegerspur oder auf der Fahrbahnmitte einordnen.**
4. **Auf die Vorfahrt achten.**
5. **Noch einmal umsehen.**
6. **In weitem Bogen abbiegen.**
7. **Auf Fußgänger achten.**

Mit dem Fahrrad in die Schule

„Fahr nicht so schnell!“, ruft Mia ihrem Freund hinterher. Sie ärgert sich, weil Tobias immer der Erste sein will. Wie jeden Morgen fahren Tobias, Mia und ihre Mutter mit dem Fahrrad in die Schule. Sie haben Glück, denn der größte Teil des Weges führt auf Radwegen. Statt auf der großen Hauptstraße fahren die drei auf ruhigen Nebenstraßen. Mias Mutter fährt als Letzte. So hat sie die beste Übersicht. „Von mir aus könnte unser Schulweg viel länger sein“, sagt Tobias, als er im Schulhof sein Rad abschließt.

Das Linksabbiegen an großen Kreuzungen ist oft schwierig und gefährlich. Viel sicherer und oft auch schneller ist es, das Rad über den Fußgängerüberweg zu schieben.

Auch auf Radwegen musst du immer rechts fahren. Benutzen Fußgänger den Weg, heißt es aufpassen. Mit der Klingel kannst du Fußgänger oder andere Radfahrer warnen. Überhole erst, wenn du sicher bist, dass sie dich bemerkt haben.

Bis zum 10. Lebensjahr dürfen Kinder auf dem Gehweg fahren, wenn es keinen Radweg gibt. Doch auch dort lauern eine Menge Gefahren. Spielende Kinder, Tiere oder Bälle können die Fahrbahn plötzlich kreuzen. Autofahrer öffnen eine Tür, die plötzlich den Gehweg versperrt. Auch Ausfahrten oder Häuserecken sind gefährlich, weil man nicht sieht, was dahinter ist.

An Kreuzungen ohne Schilder und Verkehrsampeln gilt die Regel: Wer von rechts kommt, hat Vorfahrt. Deshalb musst du an jeder Seitenstraße, die rechts von dir liegt, darauf achten, ob ein Auto kommt.

Bist du fit im Verkehr?

In Mias, Tobias', Michaels und Clarissas Klasse ist es mucksmäuschenstill. Gespannt hören die Kinder auf das, was ihnen Verkehrspolizist Schmid zu erzählen hat. „Verkehrsregeln sind sehr wichtig", erklärt er, „aber genauso wichtig ist, dass ihr auch auf die anderen Verkehrsteilnehmer wie Autos, Fußgänger und Fahrradfahrer achtet und dass ihr wisst, wer Vorfahrt hat." Herr Schmid hat für den Verkehrsunterricht eine Magnettafel mitgebracht, auf der eine Straßenkreuzung aufgemalt ist. Jetzt setzt er zwei Magnetfahrzeuge auf die Kreuzung. Das rote Auto will die Kreuzung geradeaus überqueren. Von rechts kommt ein Fahrrad und will nach links abbiegen. „Wer hat Vorfahrt?", fragt Herr Schmid. Michael weiß die Antwort: „Das Fahrrad hat Vorfahrt, weil es von rechts kommt!"

Verkehrsampel

Fahrradampel

Fußgängerampel

Ampeln regeln den Verkehr. Bei Rot musst du vor der Kreuzung halten. Gelb bedeutet: Achtung, warte auf das nächste Signal. Bei Grün darfst du fahren. Du musst immer auch auf andere Fahrzeuge achten. Zeigt die Fußgängerampel grün, haben die Fußgänger den Vortritt.

Stopp! **Hier musst du anhalten und mindestens einen Fuß auf die Straße stellen. Wenn alles frei ist, kannst du weiterfahren.**

Vorfahrtstraße. **Wer auf dieser Straße fährt, hat Vorfahrt, auch wenn ein anderes Fahrzeug von rechts kommt.**

Vorfahrt gewähren. **Dieses Schild bedeutet: Die anderen Verkehrsteilnehmer haben Vorfahrt und du musst warten.**

Einbahnstraße. **Hier darfst du nur in die Richtung des Pfeils fahren. Für den Gegenverkehr ist die Straße gesperrt.**

Einfahrt verboten! **Stößt du von der falschen Richtung auf eine Einbahnstraße, dann begegnet dir dieses Schild.**

Radweg **– gibt es einen Radweg, so musst du ihn benutzen.**

Gemeinsamer Rad- und Fußweg. **Nimm Rücksicht, denn Fußgänger und Radfahrer benutzen einen Weg!**

Getrennter Rad- und Fußweg. **Fußgänger gehen auf der einen Seite der weißen Markierung, Radfahrer fahren auf der anderen Seite.**

Fußgängerüberweg. **Auch Radfahrer müssen anhalten, wenn ein Fußgänger hier über die Straße will. Möchtest du mit dem Fahrrad den Zebrastreifen benutzen, musst du absteigen und schieben.**

Spielstraße. **Hier spielen Kinder auf der Straße. Autos und Radfahrer dürfen nur Schritttempo fahren.**

Ein Rad, das passt!

- Beim Stehen muss zwischen Oberrohr und Schritt mindestens 5 cm Platz sein.
- Stelle den Sattel so ein, dass du mit beiden Füßen auf den Boden kommst.
- Der Lenker sollte etwa Schulterbreite haben.
- Achte auf die Entfernung von Lenker und Sattel. Du solltest so aufrecht sitzen können, dass du die Straße gut überblicken kannst.

Um die Sattelhöhe einzustellen, musst du die Sattelstützklemmen lösen. Jetzt kannst du Sattel und Sattelstütze aus dem Sitzrohr ziehen. Jedoch nicht zu weit – sonst kann die Stütze brechen. Danach werden die Sattelstützklemmen wieder angezogen.

Welches Rad passt zu Mia?

„Komm schon, Papa! Der Fahrradladen macht ja bald zu!“ Mia drängelt. Sie darf sich zu ihrem Geburtstag ein neues Fahrrad aussuchen. Im Fahrradladen Zisch werden Mia und ihr Vater von Max, dem Sohn des Besitzers, bedient. Mia kennt Max schon lange. Vor allem bewundert sie seine Radfahrkünste. „Na, was kann ich für dich tun?“, fragt er. Mia erklärt, dass sie ein Fahrrad möchte, mit dem sie in der Stadt und im Gelände fahren kann. Max zeigt Mia einige Fahrräder in ihrer Größe. „Dieses hier ist besonders gut“, meint er und zeigt auf ein rotes Fahrrad mit schwarzen Streifen. Max stellt Mia den Sattel ein und lässt sie eine Runde fahren. „Papa, bitte lass uns dieses Rad kaufen“, ruft Mia begeistert.

Auf das musst du beim Fahrradkauf achten:

- **Für welchen Zweck brauchst du das Rad?**
- **Achte immer auf gute Verarbeitung.**
- **Hat das Rad die richtige Größe für dich?**

Bei gebrauchten Rädern gilt:

- **Sind Rahmen und Gabel ohne Beulen oder Rost?**
- **Ist die Gangschaltung sauber und leichtgängig?**
- **Gehen die Bremsen leicht und haben sie neue Bremsklötze?**
- **Funktioniert die Beleuchtung?**

Ein verkehrssicheres Rad

Liegeräder sind besonders schnell, weil der Fahrer durch seine Liegeposition wenig Luftwiderstand leistet.

Ein Rennrad ist ein reines Sportgerät. Es wiegt sehr wenig. Bei Radrennen hat es weder Beleuchtung noch Schutzbleche.

Ein Solarrad kann sowohl durch Treten als auch durch einen Elektromotor angetrieben werden. Der Motor wird über Solarzellen mit Energie versorgt. So kann das Fahrzeug bis zu 140 km/h fahren.

BMX-Räder sind Sporträder, mit denen man auch über Hindernisse springen kann. Für den Straßenverkehr müssen sie verkehrssicher ausgerüstet sein.

Mountainbikes sind besonders stabile, geländegängige Räder. Sie haben bis zu 27 Gänge und sind speziell für Fahrten im Gebirge und im Gelände konstruiert.

So viele Fahrräder!

Mia ist glücklich. Sie bekommt das rote Fahrrad mit den Tigerstreifen. Doch zuerst checkt Max es noch einmal durch. In der Zwischenzeit schauen sich Mia und ihr Vater im Verkaufsraum um. Unglaublich, was es für unterschiedliche Räder gibt! Am meisten fasziniert Mia das Tandem. „Super“, meint sie, „da kann man wenigstens mal mit dem Treten aussetzen, wenn man keine Lust mehr hat!“ „Das wäre aber nicht sehr sportlich. Außerdem glaube ich, dass du hiermit mehr Spaß haben wirst!“, sagt Max und übergibt Mia ihr neues Fahrrad.

Für verschiedene Zwecke werden ganz unterschiedliche Fahrräder gebaut. Dieses Lastenfahrrad wird Long John genannt. Die Lasten werden auf einer Plattform zwischen Lenker und Vorderrad transportiert.

Beim Tandemfahren kann nur der Vordermann schalten, bremsen und lenken. Treten sollten beide Fahrer.

Das solltest du vor einer Radtour überprüfen:

1. **Funktioniert die Klingel?**
2. **Ist die Kette richtig gespannt und geschmiert?**
3. **Funktioniert die Schaltung?**
4. **Sind die Bremszüge in Ordnung?**
5. **Sind die Bremsbeläge nicht abgefahren?**
6. **Ist das Profil der Reifen noch in Ordnung?**
7. **Ist genug Luft in den Reifen?**
8. **Funktionieren Vorder- und Rücklicht?**

Bei einem „Achter" haben sich Speichen gelockert oder sind gebrochen. Das Rad verformt sich und „eiert". Die Speichen müssen ersetzt oder neu gespannt werden. Auf dem Zentrierständer wird das Laufrad wieder so eingestellt, dass es gerade und rund läuft.

In der Fahrradwerkstatt

Die Kinder freuen sich. Nächsten Sonntag wollen Mias und Tobias' Eltern eine Radtour machen. Michael und Clarissa dürfen auch mit. Sie wollen zu dem Trial-Wettkampf fahren, an dem auch Max Zisch teilnimmt. Das ist ein Geschicklichkeitsrennen, bei dem jeder Fahrer zeigen muss, wie gut er sein Fahrrad beherrscht. Bevor es losgeht, lässt Tobias sein Fahrrad von Max reparieren. „Was ist denn kaputt?“, fragt Mia, die ihn begleitet. „Na ja“, sagt Tobias, „ich glaube, ich habe einen Achter im Vorderrad, weil ich doch vor kurzem mit einem Müllcontainer zusammengestoßen bin!“ Mia muss lachen. Typisch Tobias! Max repariert den Achter und sieht sich das Rad auch sonst genau an. „Eine Radtour macht nur Spaß, wenn alles in Ordnung ist“, sagt er.

Beim Packen heißt es: nicht so viel wie möglich, sondern so wenig wie notwendig mitzunehmen. Egal ob man Fahrradtaschen oder einen Rucksack mitnimmt, man sollte sie nie ganz voll packen, damit man unterwegs noch etwas dazupacken kann.
Um das Fahrrad gegen Diebe zu sichern, eignen sich Bügelschlösser oder Kabelschlösser mit dickem Drahtseil.

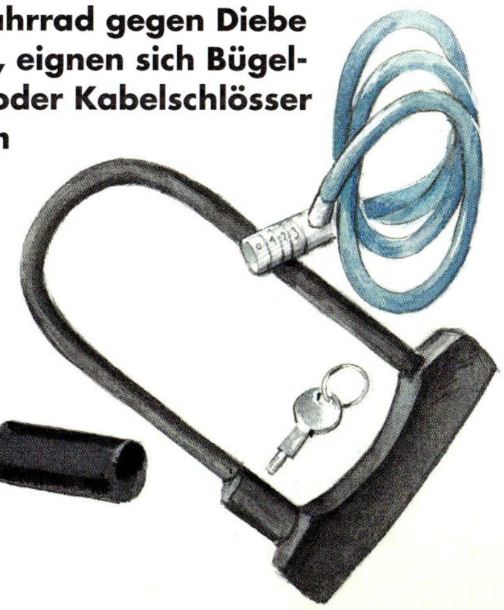

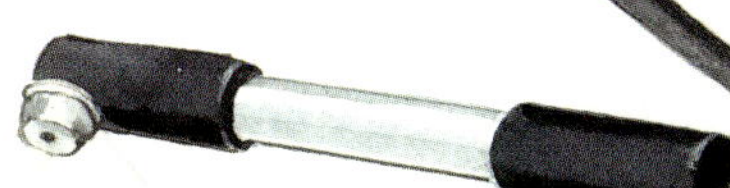

Luftpumpe

Im Werkzeugtäschchen des Fahrrades sollten ein 10er und ein 12er Gabelschlüssel, ein Schraubenzieher, Reifenheber und Flickzeug sein. Zu Hause sollte man Inbusschlüssel, weitere Gabelschlüssel, Zentrierschlüssel, Kettennieter, Kurbelschlüssel und Kurbelabzieher haben.

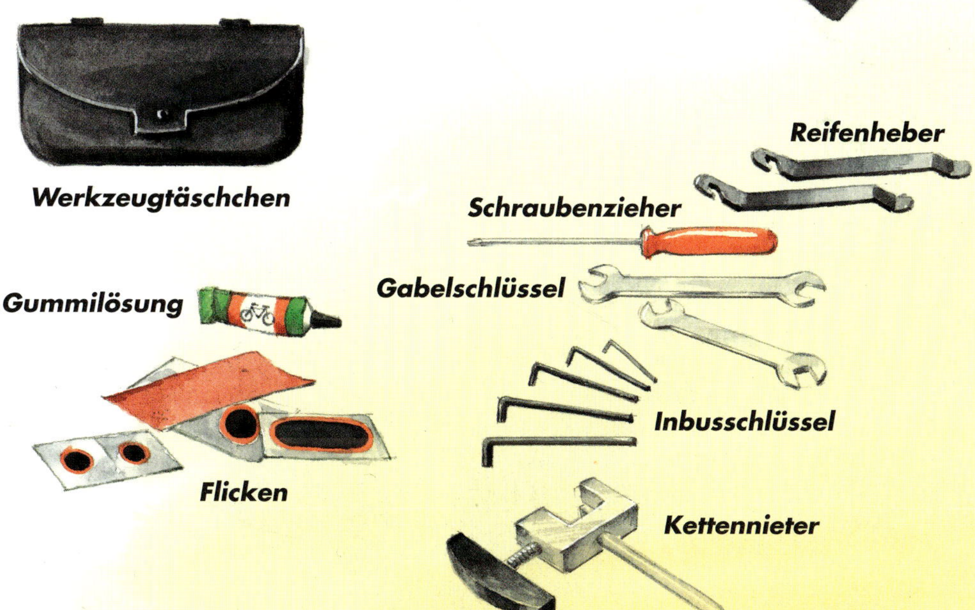

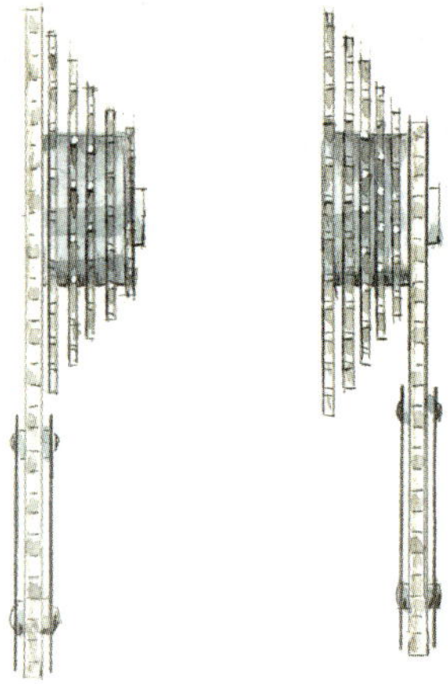

Ritzel mit Leitrollen von hinten. Einmal liegt die Kette auf dem größten, einmal auf dem kleinsten Ritzel.

Die Gangschaltung hilft dir auch Steigungen zu bewältigen. Die Kette verbindet die vorderen Kettenblätter und die hinteren Ritzel (Zahnräder). Schaltest du auf das große Kettenblatt und das kleinste Ritzel, so fährst du im schnellsten Gang und brauchst viel Kraft. Fährst du auf dem kleinen Kettenblatt und dem größten Ritzel, bist du zwar langsam, kannst aber ohne große Mühe einen Berg hinauffahren.

Mit dem Drehgriffschalter kannst du während der Fahrt die Übersetzung ändern.

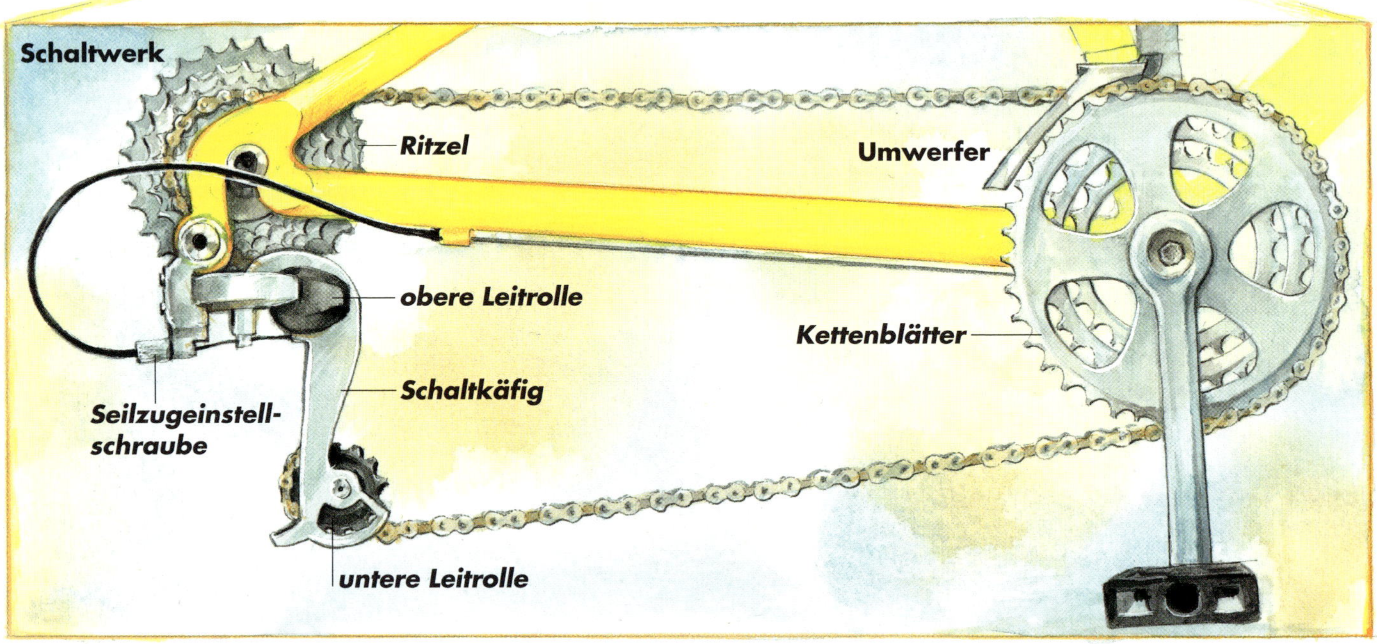

Über das Schaltwerk wird die Kette nach dem Schalten am Drehgriff von einem Ritzel auf das nächste gezwungen. Wichtig ist, dass das Schaltseil immer unter der richtigen Spannung steht. Diese kann man mit der Seilzugeinstellschraube verändern.

Der Schaltkäfig des Schaltwerks legt die Kette auf die Ritzel. Der Schaltkäfig darf sich nicht über die Ritzel hinausbewegen, sonst kann die Kette abgehen. Deshalb müssen in jedem Gang die Leitrollen senkrecht unter dem jeweiligen Ritzel stehen.

Der Umwerfer „wirft“ die Kette von einem Kettenblatt des Tretlagers zum anderen. Er muss immer so eingestellt sein, dass die Kette weder vom kleinen noch vom großen Kettenblatt abspringen kann.

Die Gangschaltung

Tobias und Mia gefällt es in Max' Werkstatt. Vor allem, weil sie lernen, selbst etwas an ihren Rädern zu machen. „Ich glaube, bei deiner Gangschaltung stimmt etwas nicht", sagt Max. „Das Schaltwerk befördert die Kette über die Ritzel – also die Zahnräder am Hinterrad – hinaus. Das ist gefährlich, weil die Kette so leicht abfallen und in die Speichen geraten kann." Max nimmt Tobias' Fahrrad und hängt es auf den Montageständer. Er kontrolliert Schaltwerk und Umwerfer und stellt die Gangschaltung neu ein.

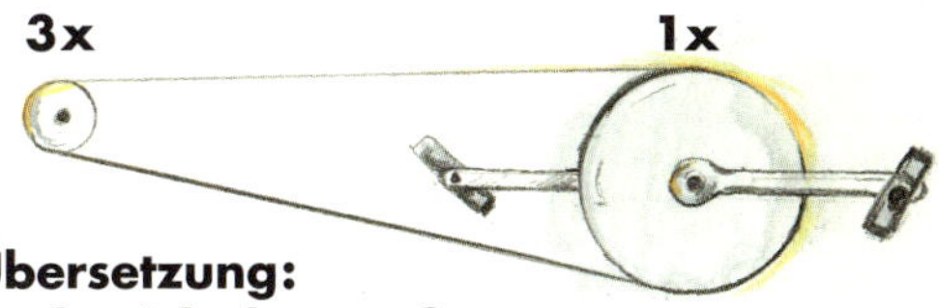

Übersetzung:
Dreht sich das große Kettenblatt einmal, macht das hintere Ritzel drei Umdrehungen. So dreht sich mit einem Mal Treten das Hinterrad gleich dreimal.

Mountainbikes und Rennräder haben meist Kettenschaltungen mit bis zu 27 Gängen. Viele Kinderräder und Citybikes haben eine Nabenschaltung mit drei, fünf oder sieben Gängen. Sie funktioniert durch ein Getriebe im Inneren der Hinterradnabe. Vorteil: Diese Räder haben eine Rücktrittbremse.

Abgefahrene Bremsklötze oder gerissene Bremskabel sind sehr gefährlich! Sie müssen regelmäßig kontrolliert werden. Immer daran denken: Bei Regen verlängert sich der Bremsweg um die Hälfte!

Wenn eine Kette lange nicht mehr geschmiert wurde, können die Kettenglieder steif werden. Dann springt die Kette leicht über die Ritzel und kann abfallen. Bevor du sie mit einem Tuch wieder auf Ritzel und Kettenblatt legst, solltest du die steifen Glieder mit Sprühöl gängig machen.

Bremsen, Kette und Licht

„So, nun müsste mit deinem Rad alles in Ordnung sein“, sagt Max und übergibt Tobias sein Fahrrad. Die Kinder bedanken sich und fahren nach Hause. „An so einem Fahrrad ist ganz schön viel dran, was kaputtgehen kann“, meint Mia. „Weißt du noch, wie Clarissa beinahe meinen Papa umgefahren hätte, weil ihre Bremsbeläge abgefahren waren?“
„Ja, und bei mir ging dauernd die Kette ab. Erst als wir sie gekürzt haben, war das Problem beseitigt“, erzählt Tobias. „Nur mein Licht war noch nie kaputt“, sagt Mia. „Allerdings bin ich auch erst einmal nachts mit meinem Fahrrad unterwegs gewesen!“

Kette und Ritzel solltest du regelmäßig mit Wasser, Tuch und Zahnbürste reinigen. Danach kannst du die Einzelteile der Kette, der Schaltung und der Bremse mit Sprühöl schmieren. Nimm nicht zu viel, sondern schmiere lieber häufiger!

Bei einer Felgenbremse verläuft das Bremskabel vom Bremshebel am Lenker zur Bremse. Beim Anziehen des Bremshebels werden über das Kabel die beiden Bremsarme bewegt und drücken die Bremsklötze an die Felge. Dadurch wird das Rad abgebremst und kommt zum Stehen. Jedes Fahrrad hat eine Vorder- und eine Hinterradbremse.

So funktioniert die Lichtanlage: Die Reibrolle des Dynamos dreht sich mit dem Reifen. Durch diese Drehung wird im Dynamo Strom erzeugt. Der Strom wird über Kabel zu den Scheinwerfern geleitet.

Zusätzlich zu Dynamos dürfen batteriebetriebene Lichtanlagen benutzt werden. Sie leuchten auch dann, wenn das Fahrrad steht. Allerdings müssen die Batterien oft nachgeladen werden.

So schaltest du richtig

Auf ebener Strecke benutzt man die mittleren Gänge. Sie laufen über das mittlere Kettenblatt und die mittleren Ritzel. Bei einer leichten Steigung nimmst du die etwas größeren Ritzel. Beim Beschleunigen wechselst du auf die kleineren Ritzel.

Beim Bergabfahren schaltest du am besten in einen hohen Gang. Die Kette läuft über das große Kettenblatt und ein kleines Ritzel. Zum Treten auf der Ebene brauchst du jetzt sehr viel Kraft. Bei einer Abfahrt kannst du jedoch zusätzlich beschleunigen.

Auf der Radtour

Endlich geht's los! Nachdem die Eltern und die Kinder die Stadt rasch hinter sich gelassen haben, fahren sie nun auf Nebenwegen in Richtung Trial-Wettkampf. Tobias fährt wie immer weit voraus. „Mal sehen, ob er in einer Stunde immer noch so fit ist“, meint Mias Vater. „Bei dem Tempo hat er bald all seine Kraftreserven aufgebraucht!“ Doch Tobias fährt und fährt. Erst als eine lange Steigung kommt, macht er plötzlich schlapp. Mia, Clarissa und Michael haben noch Kraft und überholen Tobias. Das letzte Stück muss er sogar schieben. Als Mias Vater Tobias' roten Kopf sieht, beschließen sie, eine kleine Pause zu machen. Alle trinken etwas und essen eine Kleinigkeit. Dann geht es weiter. Tobias bleibt nun bei den anderen und fährt in gleichmäßigem Tempo weiter. Eigentlich ist es so auch viel lustiger, weil man sich während der Fahrt unterhalten kann.

Zum Bergauffahren schaltet man auf das kleinste Kettenblatt und die größten Ritzel. Je steiler der Berg – desto größer das Ritzel. Du musst zwar jetzt viel treten, brauchst dabei aber nicht allzu viel Kraft.

Im Wiegetritt fährt man steile Berge hinauf. Dabei fährt der Radfahrer im Stehen und verlagert sein Körpergewicht beim Treten abwechselnd von rechts nach links. Gleichzeitig zieht er im entgegengesetzten Rhythmus am Lenker: Ist das Körpergewicht links, zieht er an der rechten Lenkerhälfte und umgekehrt.

Beim Fahrrad-Trial geht es darum, einen vorgegebenen Wegabschnitt voller Hindernisse auf dem Fahrrad hinter sich zu bringen. Ohne Hilfsmittel müssen Steine, Baumstämme, Wassergräben und anderes überwunden werden. Wer sich mit den Füßen abstützt, wird mit Punkten bestraft. Sieger ist, wer die wenigsten Strafpunkte hat.

Beim Fahrrad-Wettkampf

„Da kommt Max!“, ruft Clarissa. Die Kinder beobachten, wie Max auf seinem Trial-Rad in die Absperrung hineinfährt. Er trägt Helm, Handschuhe und Schienbeinschoner. Max muss verschiedene Aufgaben erfüllen. „Wahnsinn, das könnte ich nie!“, sagt Michael, als Max stehen bleibt, sein Vorderrad anhebt und seitwärts auf einen flachen Steinblock springt. „Das war ein Side-Hop“, weiß Tobias. „Hoffentlich setzt er beim Hüpfen über die Steinblöcke keinen Fuß auf den Boden!“, bangt Mia. Max hat sein Fahrrad gut im Griff. Nur in der letzten Kurve rutscht ihm das Hinterrad weg und er muss einen Fuß auf den Boden setzen. „Schade, das gibt einen Punkt!“, seufzt Tobias. Doch Max hat seine Sache gut gemacht. Am Ende des Rennens gehört er zu den fünf besten Fahrern – und Mia, Tobias, Clarissa und Michael sind die Ersten, die ihm gratulieren.

Crosscountry-Rennen sind Querfeldein-Rennen auf dem Mountainbike. Im Gelände wird ein längerer Rundkurs abgesteckt, der aus breiten Wegen, schmalen Pfaden und steilsten Anstiegen besteht. Alle Teilnehmer starten gleichzeitig. Sieger ist, wer als Erster die Ziellinie überquert.

Downhill ist englisch und bedeutet: bergab. Darunter versteht man Mountainbike-Rennen, die über steilste Pfade und Felsbrocken vom Berg ins Tal führen. Dabei werden bis zu 80 km/h erreicht. Wegen der hohen Sturzgefahr tragen Downhill-Fahrer eine richtige „Rüstung“.

Vorderradausbau

Das Rad wird auf Lenker und Sattel gestellt. Vor dem Ausbau der Laufräder muss das Bremskabel mancher Felgenbremsen ausgehängt werden, damit der Reifen an den Bremsgummis vorbeikommt. Dann wird der Schnellspanner geöffnet und das Vorderrad aus der Gabel gezogen.

Die Panne

Das war ein aufregender Tag! Auf der Heimfahrt gehen die Kinder noch einmal jede Einzelheit des Rennens durch. Vor lauter Erzählen merkt Mia gar nicht, dass ihr Vorderreifen immer mehr Luft verliert. Erst als sie beinahe auf der Felge fährt, wird ihr klar, dass sie eine Panne hat. „Wartet!“, ruft sie den anderen hinterher. Ihr Vater hält. „Wer sein Rad liebt, der schiebt!“, meint er lachend. „Zum Glück sind wir gleich zu Hause. Da kann ich euch gleich zeigen, wie man einen Schlauch flickt.“ Und das macht Mias Vater dann auch. Die Kinder haben viel Spaß – vor allem mit dem Wasser, das sie brauchen, um das Loch im Schlauch zu finden. Und Tobias hält die lustige Aktion mit seinem Fotoapparat fest.

1

2

3

4

5

So wird ein Reifen repariert

- **Bild 1: Mit den Reifenhebern hebelst du den Mantel über den Felgenrand. Beginne an der Seite, die dem Ventil gegenüberliegt. Nun wird der Schlauch mit dem Ventil zuerst aus dem Mantel herausgezogen.**
- **Bild 2: Pumpe den Schlauch auf und tauche ihn in eine Schüssel mit Wasser. Wo Luftblasen aufsteigen, sind Löcher. Markiere sie und trockne den Schlauch ab.**
- **Bild 3: Nun wird der Gummi um die Löcher herum mit Sandpapier angeraut. Dann wird eine dünne Schicht Gummilösung aufgetragen.**
- **Bild 4: Sobald der Kleber angetrocknet ist, ziehst du die Folie vom Flicken ab und presst ihn auf das Loch. Jetzt pumpst du den Schlauch etwas auf, führst das Ventil durch das Loch in der Felge und legst den Schlauch in den Mantel ein.**
- **Bild 5: Nun wird der Mantel rundum über den Felgenrand gedrückt. Aufpumpen. Fertig!**

Lies mal weiter!

Wer erfand das Fahrrad?

Die ersten Fahrräder waren Laufräder. Zwei Räder wurden durch einen Holzbalken verbunden. Auf diesem Balken saß ein „Reiter", der sich mit den Füßen vom Boden abstieß. Die ersten Laufräder konnte man nicht lenken. Das änderte 1817 der deutsche Forstmeister und Erfinder Karl Freiherr von Drais. Er machte das Vorderrad eines Laufrades lenkbar und entdeckte, dass das Gefährt so nicht mehr zum Umkippen neigte. Seine Draisinen gelten als Vorläufer der modernen Fahrräder. Allerdings waren sie kein Fahrzeug für jedermann, denn dafür waren die Straßen viel zu holprig.

Die Laufräder aus Holz waren sehr schwer. Im Jahre 1839 baute der schottische Schmied Kirkpatrick Macmillan das erste Fahrrad aus Metall. Es wog nur 25 kg. Das war sehr leicht, wenn man bedenkt, dass es auch heute noch viele Räder gibt, die 15 bis 20 kg wiegen.

Mit der Erfindung der Tretkurbel, die an das Vorderrad einer Draisine gebaut wurde, begann der Siegeszug des Fahrrades. Nun wurde das Rad durch Treten angetrieben. Der Kutschenbauer Pierre Michaux stellte zwischen 1860 und 1870 die ersten Tretkurbeln in Serie her. Das Gefährt wurde „Veloziped" genannt.

Bei den Fahrrädern, deren Pedale an die Vorderräder montiert waren, galt: Je größer das Vorderrad, desto größer der Weg, der pro Kurbelumdrehung zurückgelegt wurde. Deshalb entstanden die mannshohen Hochräder. Der Fahrer saß wie ein Akrobat fast senkrecht über dem Vorderrad. Als Stütze diente ihm ein winzig kleines Hinterrad. Das Auf- und Absteigen war eine komplizierte Angelegenheit. Und auch das Fahren auf Hochrädern war sehr gefährlich, weil jedes kleinste Steinchen, das man überfuhr, zu einem Sturz führen konnte.

Sehr viel sicherer waren die Dreiräder. In einigen dieser pedalbetriebenen Gefährte konnte man sogar zu zweit fahren und miteinander plaudern.

Ab 1885 wurde das „Sicherheitsfahrrad" des Engländers John K. Starley verkauft. Es war das erste moderne Fahrrad und besaß zwei gleich große Räder. Der Antrieb erfolgte über eine Kette auf das Hinterrad. Mit diesem Rad konnte man Unebenheiten überfahren, ohne dass der Fahrer kopfüber auf der Straße landete. Ein weiterer Vorteil waren die Bremsen, mit denen das Fahrrad versehen war. Allerdings war das Fahren eine holprige Angelegenheit. 1888 erfand John B. Dunlop den ersten luftgefüllten Reifen. Diese Reifen sorgten für gute Stoßdämpfung und eine höhere Fahrgeschwindigkeit.

Die Tour de France

Das wohl berühmteste Fahrradrennen der Welt ist die Tour de France. Jedes Jahr im Juli starten viele Teams von Rennfahrern und umrunden in mindestens zwanzig Etappen ganz Frankreich. Das sind etwa 3500 bis 4000 Kilometer – eine enorme Belastung für Fahrer und Räder. Viele sind den körperlichen Anstrengungen nicht gewachsen und geben unterwegs auf. Der beste Fahrer in der Gesamtwertung darf im gelben Trikot fahren. Die erste Tour de France wurde am 1. Juli 1903 in der Nähe von Paris gestartet. Etwa 60 Rennfahrer nahmen daran teil. Seitdem wird das Rennen – mit Ausnahme weniger Unterbrechungen – jedes Jahr gefahren.

Worterklärungen

Dynamo: Minikraftwerk, das man an den Vorderreifen des Fahrrades klappt. Durch die Drehung des Vorderrades wird die Rolle des Dynamos angetrieben. Diese wiederum überträgt ihre Kraft auf einen kleinen Generator im Inneren des Dynamos. Der Generator wandelt die Kraft in Strom um und leitet über zwei Drähte den Strom zum vorderen Scheinwerfer und zum Rücklicht.

Felge: Metallreifen mit Löchern für die Speichen und einem Loch für das Ventil. Im Felgenbett liegt der Schlauch. Der Mantel wird durch die Felgenhörner gehalten.

Freilauf: Der Freilauf ist ein Sperrklinkenmechanismus in der Hinterradnabe. Er unterbricht für die Zeit, in der du nicht in die Pedale trittst, die feste Verbindung zwischen Tretkurbel und Hinterrad. Die Pedale bleiben ruhig, während sich das Hinterrad weiterdreht. Ohne Freilauf wäre das Fahrradfahren ziemlich anstrengend und gefährlich. Früher waren Tretkurbel und Hinterrad durch die Kette fest miteinander verbunden. Der Radfahrer musste andauernd treten – oder seine Füße von den Pedalen nehmen.

Inbusschlüssel: Werkzeug zum Lösen und Anziehen von Innensechskantschrauben.

Kettenblatt: Zahnrad, das an der rechten Tretkurbel befestigt ist.

Kettenschaltung: Gangschaltung, bei der die Kette auf verschieden große Ritzel und Kettenblätter gelegt wird.

Laufrad: Anderes Wort für Vorder- oder Hinterrad.

Nabe: Mittelteil eines Laufrades. Die Achse der Nabe verbindet Rad und Rahmen miteinander. Die Speichen führen von der Nabe zur Felge.

Nabenschaltung: Gangschaltung, bei der die verschiedenen Gänge über ein Getriebe im Inneren der Hinterradnabe eingestellt werden.

Mantel: Anderes Wort für Reifen.

Reifenheber: Hebel zum Lösen und Aufziehen des Mantels von der Felge.

Ritzel: Zahnrad, das am Hinterrad befestigt ist.

Rücktrittbremse: Bremse am Hinterrad, die über die Pedale betätigt wird.

Schnellspanner: Mit Hilfe dieses Hebels kann man ohne Werkzeug die Laufräder oder den Sattel festklemmen oder lösen.

Speichen: Stahldraht, der Nabe und Felge miteinander verbindet.

Schlauch: Teil der Bereifung. Es ist ein runder Luftschlauch aus Gummi, in den ein Ventil eingeschraubt wurde.

Fahrradquiz

1. Bis zu welchem Alter dürfen Kinder auf dem Gehweg Fahrrad fahren?

a) bis zur Einschulung

b) bis 18 Jahre

c) bis 10 Jahre

2. Du fährst mit dem Rad auf ein Stopp-Schild zu. Was tust du?

a) Ich halte auf jeden Fall an und lasse Fahrzeuge, die Vorfahrt haben, vorbei. Ist alles frei, fahre ich weiter.

b) Ich schaue mich gründlich um. Kommt kein Fahrzeug, fahre ich auch ohne anzuhalten weiter.

c) Das Stopp-Schild gilt nur für Autofahrer. Ich als Radfahrer habe immer Vorfahrt.

3. Was ist ein Long John?

a) ein Fahrrad für zwei Personen

b) ein Lastenfahrrad

c) ein Liegefahrrad

4. Was muss man beim Packen vor einer Radtour beachten?

a) Ich nehme möglichst viel mit, damit ich für alle Fälle gerüstet bin.

b) Weniger ist mehr. Ich nehme nur das Notwendigste an Werkzeug, Verpflegung und Kleidung mit.

c) Ich sorge dafür, dass ich genügend zu essen und trinken dabeihabe.

5. Wie viele Gänge können Mountainbikes und Rennräder haben?

a) bis zu 12 Gänge

b) bis zu 18 Gänge

c) bis zu 27 Gänge

6. Was ist ein Downhill-Rennen?

a) ein Bergab-Rennen

b) ein Straßenrennen in England

c) ein Geschicklichkeitswettbewerb auf dem Fahrrad

Lösungen: 1c; 2a; 3b; 4b; 5c; 6a

Register